www.ingramcontent.com/pod-product-compliance
Lightning Source LLC
LaVergne TN
LVHW010114170826
845678LV00012B/2404

* 9 7 8 9 7 7 8 6 7 7 7 8 2 *

رسائل القلوب

السيد فودة

اسم الكتاب: رسائل القلوب

النوع: خواطر

تأليف: السيد فودة

تصميم الغلاف: آية رمضان

التصحيح اللغوى: سلمى سعد

التنسيق الداخلى: بدر صبحي

رقم الإيداع: 2023/14636

الترقيم الدولي I.S.B.N: 978-977-86777-8-2

جمهورية مصر العربية-القاهرة

مدير النشر: أحمد مكى جهاد محمود

الله يشهد أن عشقي محمدٌ؛ خير البرية للسلام، ورسولا، هو ذا النبي لا مثيل لذاته، سماه أحمد مسلمًا وعظيمًا، خير الخلائق في هداه ورحمة ختم النبوة للعباد أمينًا.

****

هو ذا النبي عن اليقين مدافعًا، حمل الكتاب بمحكم التنزيلا، في الغار يجلس، والحبيب مرافقُ يخشاه كل مداهم وعليلُ.

****

إذ قال يومًا للخليل بصدقه لا تخشى عبدًا فالإلـه معين، رباه جد في صباه، وعمه كان المتيم بالرسول رحيمًا، جد الحسين على الصراط مهرولًا لله يسجد بكرة وأصيلًا.

صلى عليك الله يا من نهتدي بك مرسلًا ومرتلًا قرآنه ترتيلًا.

قالوا محمد، قلت هذا المصطفى من بين خلق الله كان جميلًا، هذا رسول الله، هذا المصطفى، هذا نبي في هداه نبيلًا.

****

بك يا ابن عبد الله، ارفع هامتي لتكون مني قدوة ودليلًا، بكت الخلائق حين كنت مفارقًا، والجذع بات بلا ثناك ذليلًا.

....

رقت قلوب العارفين لطلعتك، واليوم دمعي في هواك يسيلُ.

....

يا سيد الدارين، أنت المجتبي، أنت الموحد للإلـه خليل.

....

قد شاء ربي أن أكون موحدًا خلف النبي كأنه قنديل.

....

ما زلت أمسك في هداك مرابطًا، أمضي بدربك؛ كي أكون جليلًا.

....

قد فاح عطرك في الدروب ملاحقًا، من قال أنك في القلوب رسول.

ولقد جلست على الطريق مراقبًا، عبقٌ تجلّى كالنسيم عبير.

لم أدنُ منه في الديار؛ وإنما شبعت أنوف من شذاه كثير.

عبق من الفردوس أسعد سائرًا وهواه كل ملثم وضرير.

أوااه قلبي من هواه متيمٌ، دق الفؤاد بدقة التنوير.

وجل أمانع للفراق وللنوى بين الغرام ودمعة التحذير.

مرت صروف الدهر بين ربيعنا، عاد الخريف كأنه التطهير.

لا قلب ينبض، إن أباه زماننا قدر تملك والزمان يسير.

ولقد بكيت على الغرام مسالمًا، والقيد يدمي عاجزا وبصير.

يمضي الزمان على القلوب مسافرًا، والآن قلبي قد أراه كسيرًا.

جاء رسول الله، جاء المصطفى نطق البشارة ابن مريم عيسى

حقًا وصدقًا كالضياء من الدجى، ختم النبوة للخليل وريثًا

طمس الضلال من العيون بدينُه، غيث تنزل يمحو كل خبيثًا

لله درك يا ابن أم محمد، نور تجلّى يمحق الإبليس

***

جمع القلوب على السلام بدينه؛ كالنور يدخل بالقلوب نفيثًا

صوت تعالى في السماء موحدًا، يهدي الخلائق مرشدًا وجليسًا

***

بشر تفرّد بالكتاب وحكمه يروي الشرائع من لدن إدريس

في الغار يجلس، والأمين خليله، اقرأ وربك في السماء أنيسٌ

بل قم وأنذر في العباد وفي الورى، وادعو لربك للصلاة حريصًا

اللّٰه أكبر فوق كل مُجاهِرِ بالشرك يومًا لو ترى رئيسًا

أنت المُبشِّر بالجنان، وعرضها كالشمس تشرق فى الظلام مغيثًا.

ما زلت أندد بالواقع، وأواري الخُطىٰ وأخشاه.

وأقامر بالقلب، وحبي من شفقٍ قد تدنو خطاه.

وسأعلن يومًا عن غضبي، سأكتب شعرًا ينساه.

لم أبلغ يومًا ما أهوى، أو حلمًا أبلغ مرساه.

لكني أبدًا لن أيأس، وسأعلن عن صدق هواه.

بالقلب أواري محبرتي، وحروفٍ تخبر شكواه.

وتلالٌ من آهٍ تبكي من عشق يغتال صباه.

لم يشكُ يومًا حرمانًا، لم يشكُ حبًا أبكاه.

لن يغفر إملاقًا يضني ما يؤلم قلبًا وهواه.

سيدتي، عشقي، مولاتي، سلطانة قلبي ومناه.

وجميلةُ روحٍ أعشقها، ودلال القلب وذكراه.

اليوم أغني أغنيتي، وسأعزف لحنًا أرضاه.

وأبدد خوفَ ملامتنا من دهرٍ لا يهوى سواه.

اعطيني كفك سيدتي، وأنامل سحرٍ وثناه.

وخذيني قدرًا نملكه في حلمٍ ندرك معناه.

وتعالي نكتب قصتنا بمداد الصبر ونجواه.

فرضٌ بي قد جف بحلقي من طول الصمت بدنياه.

ترنيمة فوق السطور، قلق يساوره السرور، غيث تداعبه الثغور.

اليوم قال القلب لا، نطق يداعبه هواه، حرف يغرد في ثناه؛ رفقًا فلن أهوى سواه.

اليوم بعض الحب نور، والعشق في قلبي يثور، والروح تكتب في السطور، الآن حبي كالبحور، لن أشتهي عشقًا سواه؛ فالحب من قلبي حياه، والنور في عيني رضاه.

رباه يا رب السماء، ما زلت أسجد، والدعاء ما زال في قلبي الرجاء.

أن تحفظ القلب الجسور، بالحب نهفو كالطيور بين المآذن والوفاء.

شوقًا أنادي مهجتي، نورٌ يراود بسمتي، عطرٌ يرافق هامتي؛ فالحب في الأحشاء نور.

وبين الحب والسلوى طريدٌ في دروب الحب، وعذري أنّني أهوى قرير العين، نبض القلب.

أشاطر فرحتي حبي، وأسطّر في الهوى كتبي، وأرسم طيف أحلامي جميلًا مثل ماء عذب.

وبين الحب والنجوى تلوح الذكرى والنسيان، ورسمٌ يشبه الأفنان، وعشقٌ على البركان كعصفور على الأغصان؛ بديع حسنه، فتّان.

جميلٌ في ظلال الرسم، وحسنٌ يعتليه الوشم، جميلٌ في جِنان حسان.

ولكني إنسان، أنا إنسان.

يا صاحبي في الدرب عنك ملامتي.

ما زلت أعلم مسكني ومقامي.

الغيث يسقط رغم چل مشيئتي.

والعشق قيد يصطلي بغرامي.

العين ترقص للحبيب، وتارةً يبكي الفراق بسجدتي وقيامي.

والقلب ينكر للحبيب ملامتي، والعين تنطق همستي وكلامي.

أنت النديم إلى القلوب، وغرسها حكمٌ يقرر صحة الأحكام.

لا اللوم يمنعه الغرام، ولا الهوى جمرٌ تأجج قهره بعظامي.

ووجدتُ في لغة العيون رسالة، وقرأت ما بين السطور بجفنها.

محبوبةٌ فاقت حدود السحر، قتّالة تغزو القلوب إذا بدت في حسنها.

دقت دفوف الحسن في عين الذي نظر العيون بنظرة من عينها.

سلطانة فوق القلوب، وعرش قلبي مجلسٌ يرجو الأميرة أن تجالس عرشها.

رفقًا بقلبٍ من حنينٍ يرتجي قول العيون ورجفةً من رمشها.

قولي أحبك في الغرام مذلةً، والقلب يسكن في حديقة قصرها.

جمرًا وقيظًا إن رمتني عيونها بالسهو يومًا في جهالة عينها.

أهواك يا ذا التاجِ عشقًا والذي فطر القلوب على ملامح وجهها.

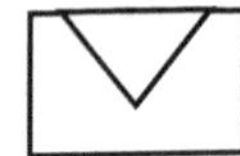

قلبي كالدف، ومطرقة تضرب ذا القلب بأسراره.

يدفع بالآه برفقته؛ كالعود يزلزل أوتاره.

يخبر عن حبي بدقته للناس ويعلن إخباره.

قلبي كالدف يراودني ما بين الحب وإنكاره.

لكني لا أعلم أبدًا ذاك الجبار وأفكاره.

يحلم بالعشق، وطلعته لا تنسى يومًا أوزاره.

قلبي كالعود بصحبته، ناي يختال ومزماره.

قلبي يحتار من الآلام، ويزيد البسمة في الأوهام، ويغني دومًا في الأحلام من حب يُنكر أعذاره.

قلبي كالبحر بلا شطآن، كالطير تغازله الأغصان، وتمائم عشقٍ في الوجدان يتناسى الحب وإعصاره.

قلبي غجريٌ؛ كالمجنون يداعب أغصان الزيتون، ويبدد أوهام الحزون في ليلٍ يكتب أشعاره.

اليوم أكتب قصتي وحوار قلبٍ معتمر *يروي بقصته الأماني بعدما هل القمر*

-شاء ربي أن يكون في رداء مستتر، حتى إذا جاء المساء كان طيفًا من دُرر، مرت اليوم ببابي ثم جاءت تختمر *بين طيفٍ، بين اسمٍ، بين روحٍ من عطر*

- دق باب الروح يومًا في سطور من خبر

- قالت الآن ردائي فيه يختال الحذر، جاءت الأحداث ليلًا في سلام للقدر، تبني حلمًا فوق وادي للنجوم وللقمر، مَن ببابي يا فؤادي غير نور يعتمر؟!

من تراني أرجو خلال بين حبات المطر؟ لا تردي غيث قلب يرجو سحرًا يستمر.

لا تلومني في هواه؛ فالحب قتالٌ أليم، فالعشق كالأقدار إن شاء الرحيم، لا تلومني فلوم الحب في الأحداق نار قدر تراقبه القلوب بلا قرار، ما كنت أعرف أنني غض صغير، والحب كالإعصار يجتاح الضمير، ما كنت أعلم أن لي قلبًا يذوب، وعرفت أن الحب جبار كذوب، أخشاه دومًا في الحياة وفي الدروب؛ وكأن قلبي قد تلاحقه الحروب، اللوم يخنق معصمي والعشق غدار لعوب.

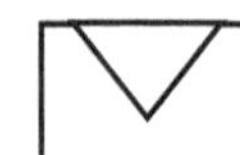

ومن يدري؟

فقيدك مطلب للقلب دومًا، أما روحك فالفؤاد بها يطيب.

ومن يدري؟

بأنك في العيون شعاع نور، وفي الأحداق منزلة الحبيب.

ومن يدري؟

فلن أرجو من الدنيا فراقًا، وأنك إن تباعدت القريب.

ومن يدري؟

بأن الله يجمعنا بقلب تطيب الروح، والدنيا تطيب.

ومن يدري؟

فعشق الروح للأحباب عطرٌ؛ فأنت الخل وللروح الطبيب.

ومن يدري؟

بذلك الكون عيني لا تراك، وعين القلب شمس لا تغيب.

ومن يدري؟

فهل تعلم بأن الله يدري بعشق ناره جمر رهيب.

من يدري؟

بأني منك طيفٌ، وأنت الظل من قلبٍ رحيب.

ومن يدري؟

ربيع الروح، والمشتاق جرحي، وآه العشق لا تعرف مغيب.

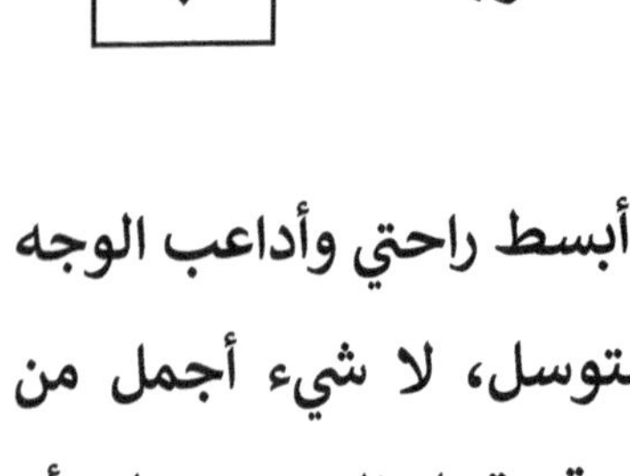

سأظل بين سلاسل الفرسان أبسط راحتي وأداعب الوجه المرصع بالجمال بنظرة المتوسل، لا شيء أجمل من عيون جميلة تختال بين محبة وتبتل السحر ينطق أن رمت قلبًا بطرف رموشها، جرحت قلوبًا من هواها تخجل، عيناها سهمٌ بين قوس بالهوى تضرب قلوبًا من رموش تغزل أسطورة بين النساء وقبلة للعاشقين من المذاهب تذهل، جبارة تكوي القلوب بحسنها، مغرورة تطوي الرقاب وتقتل، سأظل أحتكر الغرام بحبها وأذوب في وصف الحبيب مكبلًا، مهما وصفت فلن أُدوّن وصفها؛ فالحسن منها كالمياه بمنخل.

اليوم أعلن عزلتي وغياب قلبي وأغادر العشق الذي قد زاد ذنبي، اليوم أعلن أنني فظ شريد؛ فالعشق ليس بعالمي، والهجر حسبي، اليوم أعلن أنني لن أدنو منك، وسأشهر القيد الذي قد زاااد قيدي، لن أمتثل يومًا لعشق أو غرام، ولن أدنو بقلب يدمي قلبي، سأغادر الأحداق دومًا في عيونك، وسأزرع الدراق يومًا بعد، سأجري وسأرسم الفردوس في الأوراق حلمًا، وأسطّر الحلم الذي قد يمحو ذنبي.

نظرة تواري في العيون حنينها، فنطقت سهامًا بالذي تخفيه.

لا تكتبي بالنار فوق قلبٍ محترقٍ زاده عشقَ الجمال، إن صار قلبًا من ورق الوشم خلخال جميل، والعشق نارٌ يخترق، سأذوب دومًا في الهوى وسأشتري بالروح عشق كالشفق، الصمت كالبركان يقتل مضجعي، والعين تنطق بالحنين وما سبق، أهواكِ يا حلم الحياة ودرها، وجميل نورك في فؤادي كالغسق، شاء الإله بأن تكوني حبيبتي رفقًا بقلبٍ في غرامكِ يحترق.

وترين فؤادي في بحارك سابحًا، ومداد شعري نظرة ووصال.

لستِ كغيرك من نساء الأرض، بل أنتِ سيدة النساء، أنتِ الأميرة والجميلة في حصون الكبرياء، لستِ كغيرك في الجمال وفي الدلال وفي الوفاء، عصفورة بين الغصون وفي الجنان وفي العطاء، قديسة فوق القلوب وفي العيون؛ كالنجم في قلب السماء، لستِ كغيرك من نساء الأرض، بل أنتِ سيدة النساء، لستِ كغيرك في العيون بل أنتِ قديسٌ حنون سحر على شط الجفون، أسطورة بين النساء، السحر في عينيك سلطان الجنون، نور من الأحداق تعزفه العيون.

ليست الدنيا بدنيا عند نوبات غيابك؛ فالحياة تفر مني، كلما زاد بعادك، قد يكون الصبر جمرًا حين يزداد عتابك.

بيني وبينك عالمٌ فيه التمنّي والجمال وقبلة القلب المتيم بالهوى وشقائق الفردوس، ترسم بسمة حين الوداع ورفقة الروح التي قد غاب عني، لن أشتكي يومًا فراقًا؛ فأنتِ من روحي الشقيقة والفؤاد ونظرة العين التي قد تاهت مني، أما عنكِ فأنتِ روحي وشهقة الروح التي سكنت فؤادك بعدما قد خاب ظني، لا تكذبي يومًا فأنتِ رفيقتي، والعشق يردعني الفراق، وأنتِ قد تلهين من بعد يزيد اليوم همي، لا تكذبي يومًا؛ فأنتِ حبيبتي والحب في الأحشاء يمنحني البقاء، أما عنكِ فلا تبكين حزني.

وحين تغرب شمس وجهك عن عيوني، حل في الدنيا ظلامًا يعتلي سفح جفوني.

وتجول الفكرة كالبركان؛ غيثٌ يعقبه المولد، كلمات من رحم الآهات وطريق يرسمه المشهد، لا نعرف منه معالمنا، لا ندرك فيه خواطرنا بل وشم في صدر المعبد، آهٍ تختال بضحكتنا، وآهٍ تبكينا وتتعدد، آهٍ تتجمل أحيانًا بدموع كالمطر الأسود، هيهات على الآه الكبرى من دمعة عين قد تبعد، وتفيض عيون بالأمطار، ودموع تغرق بسمتنا، وتتوه النظرة في الإعصار، وتغيب الشمس بواحتنا؛ فتجول الفكرة كالبركان ما بين الكلمات، فتمطر غيثًا من فيض الأنهار وحديث الأفكار معطر، أحيانًا تشهق مبتلة كالزهرة حسناء المظهر، وببعض الوقت تفيض شذا وشفاه يرسمها المنظر، والبسمة قد تتلو البسمة، لكن كلاها مختلفًا، فالآه حروف تتبعثر لا يشبه إنسان، والآه بعالمنا تكبر.

كُل مُرٍ قد يمُر، وإن بعض العمر جمر وابتسامات الحياة وانتصارات القدر، بعد صبر، بعد مر، كل صعب قد يهون، كل دمع في العيون، كل أحلام الظنون فيها نور بعد قهر، حتى أيام الشباب وابتهلات العتاب وانكسارات الغياب فيها أمرٌ يتلو أمر، ليست الدنيا نعيم، بل صراع من جحيم، رب رحمن رحيم يحتوينا بعد وذر.

اكتبي على أوراق الغد اسمي وأصدحي كالطير بالألحان، بالأنغام، باللحن الجميل، سطّري على أوراق الحب رسمي؛ فابتسامتكِ دواء للعليل، اصنعي للشوق دارًا من غرام، من سلام، من بعد بخيل، أنتِ من القلب الحبيبة والرفيقة والخليل.

بعد عمرٍ قد مضى، بين فرح، بين حزن، بين هم، بين غم، بين كرب يتلو كرب، وافتراجات السماء وابتهاجات القدر، بعد أيام تمر فيها، مر يتلو مر، بعد جرح يتلو فرح، تأتي ساعات المساءء بعد يوم من عناء، بعد فرح أو بكاء، قد يكون العمر دهرًا، وشاء ربي أن أكون بين وهمٍ من ظنون أو صلاةٍ بعد وزر، بعد نوم، أو دعاء وسرد أحلام المساء، وسيول من بكاء يأتي موت الكبرياء.

- قالوا عني بعض خير فيه أقلام، وحبر تطوي أوراق الحياة، لست إلا صوتًا دار فيه جبر واختيار، فيه شيء من مرار أو طنين من غناه، أبني يومًا ما أريد، مثل سباح شريد في طريق من جديد بعدما نادى مناه.

حبيبتي ظلمت كثيرًا وجرحت كثيرًا، فلما شعرت بحبكِ، شعرت بالخوف من المجهول ووضعت بطانة قلب لقلبي لتقيه ضربات الزمن والآلام، همست شفتاي في الأذن الحب كي لا تنطقها الأحزان، بكت عيناي دموع الحب؛ فرجائي أن تكون من بحور الدمع لمن دم الآلام، مجروحٍ من حبٍ مضى أدى بذهابي لطريق مشئوم، ملهوف على حبٍ ضائع حتى ضعت وراء محيط الهجر، وجدار مسموم، فبكائي لقلب امرأة بكت السماء معي أمطار الغضب المسجون. حبيبتي، أريني حافظة الواقع، أريني ما بداخل شقراء نحو سمار معقود، أريني صفحة قلب، هل هى للحب خلود؟

أريني بستان فؤاد، هل يعيد نسيم البر إلى قلب مفقود؟

أشعر ندمًا، وأشعر فرحًا، دليني إلى من أرتاح، آويني من شاطئ حزن يبكي من طول الأفراح، ضميني كطفل فوق صدرك، أريحيني، دُلّيني بعدما هَلّ نسيم الحب، ولاحت عين الإصلاح، خذيني الآن، وليداموا ود قلبي صفحة

بيضاء، وبحور عيني مليئة كما كانت قبل الجفاف، وسلطان خيالي لن يرسم صورة امرأة بعدما رسم الخداع المشئوم، هل يرسمكِ؟

نعم، لكِ الحق ترسمين.

لله أمري، وبسم الله مسعانا، والحمد دربي وشكر الله مبغانا، رب البرية والإنسان ظلام، والنفس تذنب، وأرجو من الرحمن غفرانًا، الله ربي ورب الكون أجمعه، رب الخلائق عبادًا وعصيانًا، صوم اللسان عن الآثام يردعنا عن الكبائر إن آثرنا إحسانًا، لا تكذبن على الرحمن في فعل؛ فرب الكون علامٌ بنجوانا، الله يعلم ما يالقلب مبلغه، رب السرائر معلنة وخفيانا، رمضان شهر يهذّبنا ويرشدنا فيه التجلي إلى الرحمن قربانًا، لا تجهرن بذاك الشهر معصية، وكن ببرك للمحروم إنسانًا، وامدد يديك إلى الفقراء ساعدها، تكن من الذين بحمد الله عرفانًا.

سألتك يومًا بأن تعلمي بأني غريق ببحر الهوى، وأنتِ كطيفٍ يزور الفؤاد بعيد المنال، كثير النوى.

أيها الزمن:

ألف تحية، لكني أعطيك عتابي، وعتابي من باب الذكرىٰ، لا لوم أبدًا بخطابي، لكني أحتاجك دومًا لتكون البر بأصحابك، فكفاني منك الحرمان وتعالي نسطّر أوراق عقدًا وسلامًا وأمانًا، وامنحني بعض الآمال، أو أملًا حلوًا فتانًا، واهديني عينًا ولسانًا، تشكر من قلبي الرحمـٰن، يا زمني، في قلبي محبةٌ، يا زمني، أين الشطآن؟ هل تمنحني بعض الفرحة؟ هل تبعد عني الأشجان؟ويرافقني أملي يومًا وأدمر كل الأحزان، يا زمني أشتاق حنانك، فاجعلني أحيا إنسانًا.

ومهرة تعدو على ريحٍ كإعصارٍ رهيب، لا تنحني من الرمال ولا الرياح ولا المغيب، وإذا تمايل خصرها، تخلو بمقلات العيون برقصة تروي الغريب.

حبيبتي، فلسفة، أنتِ سيدتي، وحوار يحمل فلسفتي، وكتابات تعني الحاضر والأفكار، وليالي تحمل بوتقة من أشواق وترانيم وحقيقة حب جبار، أنتِ الجنة والأحلام وصمتٌ وحديثٌ أبكم تنطقه أحلى الأشعار، سيدتي وتميمة عشقي، حبكِ نارٌ تحرق ناري، يا امرأة ملكت عيناي وأفكاري، وجعلتِ من ليلي نهارًا.

أما عنكِ؛ فأنتِ كالشفق البعيد، قديسة في صحن كهف من حديد.

أما عنكِ؛ أميرة ترجو المزيد، سلطانة والقيد أغلال العبيد.

أما عنكِ؛ فأنتِ أنوارٌ، ونارٌ جميلة تقتات من سحق الصغار.

ويا غُربتي بين قلبٍ شريد، وقلب ينادي على رفقتي ولكن هناك الحبيب البعيد، يدندن شعرًا على قصتي.

أنا في ردائك لن أكون، أنا بين سطرك عالمٌ فظ حنون، أنا لست ظلًا بل أنا كل الجنون، أنا في ردائك مثل نار في الشتاء، أنا مثل لحن راقص يشدو البكاء، كالثلج يسقط إن رماه الكبرياء، أنا صخرة تنهار إن زاد الجفاء، لا تشتكِ مني؛ فإني مستجير، اليوم ليس بعالمي، والأمس يكسر معصمي؛ فأعود كالطفل الصغير، آه زماني، إن شدي وتري غناه، وتربعت عيناي ترمق مقلتاه؛ فأعود كالعصفور تواق الحياة.

يا حاكم القلب، أنت دواؤه وبرمش عينك تحكم الوجدان، عجبًا لقلبٍ قد يحب قضاءه، عجبًا لعشقٍ يملك الإنسان، يا من بعيني نظرة ابتسامة، أنت الحبيب برمشك الفتّان.

زيديني من نور عيونك أملٌ وضياء بجبيني، زيديني من شهد حديثك عشقًا وجمالًا يحييني، زيديني حبًا وحنينًا؛ فبحرفك أحلام جنوني، اختاري ما بين فراقي أووبين صراعات ظنوني، اختاري أملًا بردائي أو بعدًا يغتال حنيني.

هل تدركون أني إنسان، أني أعيش بكوكب فيه المرارة للرؤوس، فيه الأخوة بالية تفنيها أطماع النفوس، لايعرف المال الوطن أو حتى آهات النفوس، أنا في حياتي جائعٌ والكل شيطانٌ يدوس، لكني إنسان، ابن الشوارع والدجى والبرد يقتلع الرؤوس، صمتي لقلة حيلتي، والموت ينهش جثتي، والبعض يفخر كالطاووس، هل تدركون أني إنسان؟

هيا إلى طيفٍ أحبته القلوب، طيف يداعب خاطري بين الدروب، طيف يسامره الخيال فلا يذوب، لن يصبح الطيف الوفي أملًا كذوبًا.

على أعتابِ دنيانا توارينا أمانينا ونلهث خلف نجوانا، ونطرق دقة الناقوس فوق جميل ذكرانا، على أعتاب دنيانا يحين الوقت والموعد؛ لنعلن أننا نحيا فيأتينا على المشهد وطيب الجمع يلقانا، على أعتاب دنيانا نعيش اليوم في غربة ونعلم أننا كذبة؛ فتروي عنا ذكرانا، على أعتاب دنيانا.

وإن هجرتك وابتعدت مسافرًا، عاد قلبي في رحابك عابدًا قوامًا.

لا تكتبي بالنار فوق مشيئتي؛ فالقيد قيظٌ وكل القلبِ ملتهبٌ، لا ترسمي بالوشم ذل قصيدتي؛ فالوشم يبلي ويحيا القلب في غضب، لا تعبثي بالنبض فوق وسادتي تشفي الجروح بلا طب ولا عتب، لا تبكِ لومًا على يوم يفرقنا؛ فالحب جمر بلا نار ولا حطب، قولي أحبك إن أردتِ مودتي؛ فالحب ذل بلا بعد ولا غضب، ما زال قيدك في الأحداق يخنقها، أما وذنبك للرحمن محتسب، ما زال كهفك مكروهًا زيارته إن طاف قلبي؛ فلا عشق ولا كذب، شئتِ وشئنا وشاء الله يجمعنا يوم تبسم في عذرٍ وفي أدب.

جمر هي الأشواق، جمر ولقاء خل الروح للأحداق خمر،
كيف التّمني في فراق مودة؟ فالشوق كأس ممتلئ بمر.

ويمرق في الدجى سهمًا، فيرمي القلب سلطان، وما أن جال بجولته يجوب الروح حيران، سألت السهم من ترجو إذا بالسهم إنسان، نعيم الروح قد يشقى من الإحساس أحيانًا، وظلم الروح قد يشفي من الآهات إن كان، أنا الحيران سيدتي، أنا للحب ظمآن، أنا أخشى ملامتك، وأخشى الإنس والجان.

يومًا ستعشق ما مضى، وستلقي بين سلاسل الأشجار ذكراك الجريح، يومًا ستحلم بالهوى، وتراك عيني هائمًا فوق الأماني تستريح، أما أنا فوجدت قلبي بين أروقة الغرام، ووجدت روحي في ظلال الحب تحلم بالهيام، ووجدتها قلم يغني ويبتسم وكأن صوت حبيبتي صوت يغني كالحمام.

ومررت عامي تاركًا ذكرى الحنين على أنين، ومررت تمرق في رحاب العمر حرق الجمر تعترينا بالجموح على هواك، وتسير كالطاووس تمتلك الهلاك وتمر حينًا كالملاك، لكن عمرك مثل عمري في انقضاء تبدو قويًا، ثم تخضع للفناء ويسير عداد السنين على الجميع؛ فتكون مثل الماضي كي لا تستطيع، وعلى رفاتك تشدو دنيانا الوداع ويلوح عام مثل طفل كالرضيع، ويمر هونًا ثم يختال الوضيع، وتناشد الأيام عام كالحسام، وتنام أحداث الآلام والابتسام، ونظل طول العمر ننشده السلام؛ فاليوم عام من جديد، عام نقول له عام سعيد.

لا بد يومًا من حساب حتى وإن طال الغياب، لا بد حتمًا من عتاب؛ فالقلب أتعبه الملامة والتمنّي والعذاب، لا بد يومًا من جواب؛ فلقد سئمت السير في ذاك السراب، لا بد يومًا من حكايات السمر، وعتاب قلبٍ فيه أحلام القمر وسهام شوق لا تذر، لا بد يومًا من أحاديث الشجون، وعتاب قلبٍ قد يناديه الجنون، لا بد أن ننسى الظنون، أنا كم عرفتك كوثرًا فيه الدواء، فلا بد قطعًا من لقاء؛ فاليوم فيه مذلتي بعد الوفاء، أنا عاشقٌ أهواك طيفًا في السماء، أهواك كل الكبرياء، لكنني قدر بحبك يستجير، أهواك نجمًا في ضيائه أستنير، لكنك قمر صغير، حلم كبير أمل على سفح يطير، اذهب فأنت الوهم في ثوب الضمير.

هذه رسالتنا إلى قلبٍ ودود ورسالة القلب المؤجج بالغرام بلا حدود، والنيل يعشق والثرى وظلال أشجار الورود، هذه رسالة معتمر بين الأماني والخدود، ورسالة الساقي إلى صخر تملكه الجمود، هذه رسالتنا إليك؛ رسالة تعني الحياة، تبني لعشاق الهوى بعض المحبة في رضاه، تجتاح آلام الهوى وتنام بكرا في صباه، تذوب مثل النار تقتلها المياه.

ويغيب طيفك بعد إشراق وإدراك ونور؛ فيصيح قلبي عندما تبكي على الصيف الطيور.

في البدء جاء محمد، وُلِد اليتيم بلا أباه، والأم في ألمٍ تنادي، والطفل ينشد مبتغاه، قالوا في مرضعةٍ هناك، يأتيها فيض من رضاه، حملته ترضعه الحياة، والحق أهداها الحياة، شب الرضيع إلى صباه، يرعى مع الأغنام شاه، لا يعرف الكذب الذي قد كان يومًا من سواه، وتربى في كنف الجدود، والعم أكمل في خطاه، لكل يعشق أحمد، ذاك الوليد ومن رعاه، فالعم يصطحب الغلام؛ كالبدر يخلب من رآه، قالوا لعمه: لا تخف، فالله قد شق حشاه، نقى فؤاده من الهوى، والرب منا اصطفاه، حمل الأمانة صادقًا، تمشي السحابة في ثناه، ورأته أم المؤمنين، فدعته زوجًا في صباه، تأويه من كل العيون، وتكون أول من هداه، أما فجبريل الأمين في الغار أحسن ملتقاه، هز برقته الرسول، الله ربك في علاه، اقرأ عن الله الذي خلق البرية والحياة، نطق الرسول شهادة ليقول حيّ على الصلاة، ويكون للدين الحنيف، من أرثى في الدنيا هداه، هذا النبي محمد، طيبٌ وريحان وجاه.

وتنام عينك بين جناتٍ ونار، ويظل قلبك خلف نبض الانتظار، وإذا بقلبك في رياح الاحتضار، قلبٌ صريع تحت إعصار النهار، ويسيل دمعك بين سيل وانكسار، لكن قلبك قلبٌ جمودٌ عنيدٌ، يهوى المتاعب مثل جبار عتيد، يجتر دمع الغيظ كالقلب الجديد، يغتال ذكرى الأمس في قلب الوريد، يرجو غروب الشمس في عز الجليد، هذا رداء القلب منقوش الأماني، أما صريع الحب تسعده الأغاني، واليوم حان الوقت إن شاء زماني، أن يستقيم الدرب أوقات التهاني.

لا تلوميني وتبكي، ولا تجيدين التجني؛ فاللوم قتل للنسور، وإن أردتِ اللوم يومًا، كوني بعد اللوم نورًا.

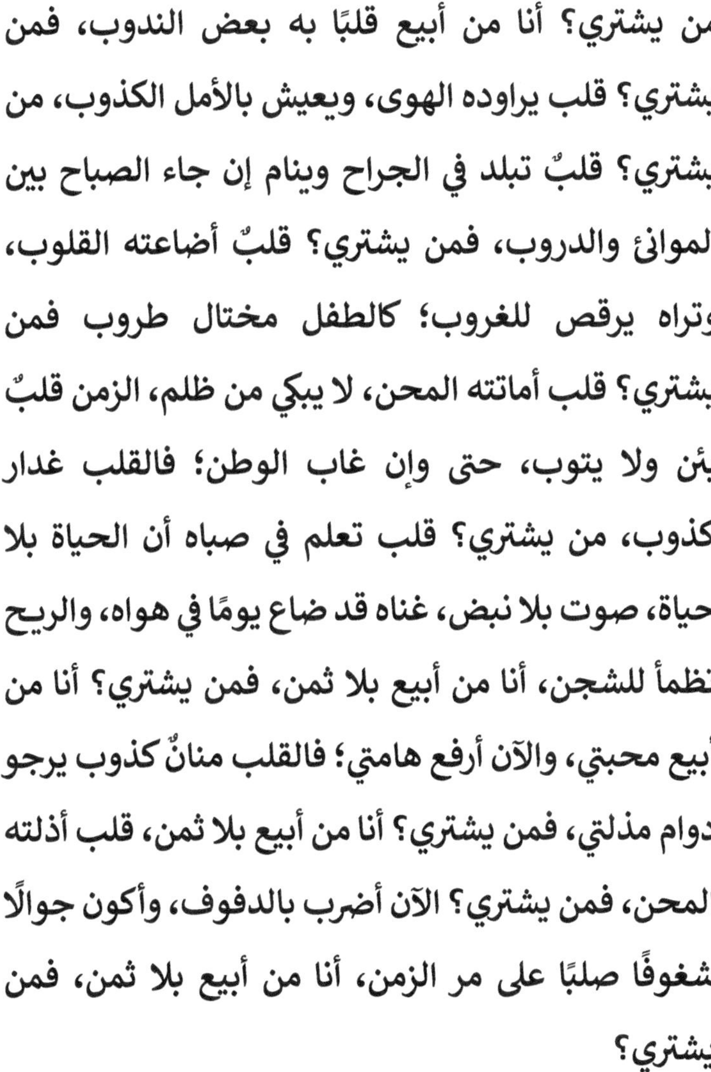

من يشتري؟ أنا من أبيع قلبًا به بعض الندوب، فمن يشتري؟ قلب يراوده الهوى، ويعيش بالأمل الكذوب، من يشتري؟ قلبٌ تبلد في الجراح وينام إن جاء الصباح بين الموانئ والدروب، فمن يشتري؟ قلبٌ أضاعته القلوب، وتراه يرقص للغروب؛ كالطفل مختال طروب فمن يشتري؟ قلب أماتته المحن، لا يبكي من ظلم، الزمن قلبٌ يئن ولا يتوب، حتى وإن غاب الوطن؛ فالقلب غدار كذوب، من يشتري؟ قلب تعلم في صباه أن الحياة بلا حياة، صوت بلا نبض، غناه قد ضاع يومًا في هواه، والريح تظمأ للشجن، أنا من أبيع بلا ثمن، فمن يشتري؟ أنا من أبيع محبتي، والآن أرفع هامتي؛ فالقلب منانٌ كذوب يرجو دوام مذلتي، فمن يشتري؟ أنا من أبيع بلا ثمن، قلب أذلته المحن، فمن يشتري؟ الآن أضرب بالدفوف، وأكون جوالًا شغوفًا صلبًا على مر الزمن، أنا من أبيع بلا ثمن، فمن يشتري؟

حتى وإن جاء الصباح ملأت نواصيه الزهور، يخبو برقتها العبير؛ فرحًا بأصوات الطيور، تشدو على وتر الحياة ألحان عشق للعطور، اليوم قد جاء الربيع متراقصًا بين الثغور، ثمل يغازله النسيم عبقًا على الوجنات نور، ينساب بالدنيا شذاه متراقصًا ثملًا غيور حتى وإن جاء المساء، هم الجميع إلى الحضور، نحكي ونروي قصة فيها التهاني والنذور، ينساب بين حروفنا مسكًا على كل السطور، ذكرانا تصبح حاضرًا، والجب أصبح كالبحور، جاء الربيع على القلوب أملًا وأحلامًا تثور، ما أبهى روضًا في ثناه بالزهر سلطان جسور، يكسو بخضرته الجباه والحب يعتمر الصدور، والورد ينثر من شذاه عطرًا تنفسه البكور، فاح العبير على رباه ما بين أقدارٍ تدور.

لا تنسَ أنك قاتلي، والذنب ينحر في القلوب، وتقول كذبًا عندما حكمت عيونك بالفراق على الدروب، لا تنسَ أنك ظالمي ورضيت قهري بالغروب، لا تنسَ أنك ظالمي ووصفت قلبي بالكذوب، لا تنسَ أنك قد عزمت على الفراق، وقتلت حبًا كالجنين بلا ذنوب، لا تنسَ أنك قد قتلت القلب مني بالعتاب، ورسمت وشمًا للقتيل على التراب، اذهب ومني دعوة القلب الكسير أن تجني مما قد زرعت من العذاب.

ويا ليلي، ويا يومي ترفق بي، فما عادت سنين العمر تكفينا، فرفقًا بالفؤاد إذًا، ورفقًا بالمحبين.

الآن أدرك أنني بين المذلة والحصار وصريع قلب قد سقاه الحب نارًا، الآن ألعن ما شربت من المحبة والمرار، الآن أكتب أنني قهر وموت واحتضار، لكنني لن أبكي يومًا من عنادك، لن أشتكي بعدًا، ولن أدنو ببابك، لن أذكر الحب الذي قد كان وهمًا في سرابك، قل ما تشاء وردد اليوم خطابك، أنت موت، أنت قهر، أنت جمر فى جوابك.

وبين الصمت والحكايات يصرخ في الفؤاد مولود، يحكي اليوم دا -يوم عيده-، وتتجدد أناشيده، أنا لسه يدوب مولود، أنا في دنيتي موجود.

وتمردي؛ فاليوم أنتِ كالرياح مغامرة متمردة لا ترفقي بالراجلين، تلوين أعناق المودة، راحلة وتردي شوق القلب بالصمت الحزين، وتمردي وتجرعي كأس القساوة، إنني ما عدت أدرك ما ترين، مثل الجبال تتعالى فوق العالمين، يا ساحرة يا غادرة، قولي إذا بعد المرارة ما ترين، أنا لن أبوح بما يحوي الفؤاد من الهوى، ولن أقول عن الجمال سوى الأنين.

وفوق الشفاه رضاب الظمأ، وتحت العيون جحيم السه، وليلٌ ينادي شعاع النجوم، وصبحٌ يبارك حب العمر.

أنا غيثٌ بلا موعد، وضحك في عيون الآه، وصوت في دُجى الأيام مبحوحًا على ذكراه، أنا ابن لأمنيتي وروح في شهيق القلب وبوح الحب، إن كان ضجيج الشوق في رؤياه، أنا روح تؤرقها بقايا بسمة الطاووس، وقلبٌ يبكي قهر الحب أن ضاع ولا نلقاه، أنا الإنسان يا دنيا، وصمتي ليس إملاقًا ولكني عزيز النفس في حبي ولا أنساه، أنا صوتٌ لبركان ومأذنة لآذان، ودمع الطهر أحيانًا لعين لا تكب سواه، أنا بين الأسود سهام وأدعو الليل للأحلام، أراقب غدرة الأيام ورب العرش لا أنساه، أنا السلطان في نفسي، وتقتل بسمتي يأسي، ويخشى الكل من بأسي، عزيز في جمال مناه.

لن أرضى يومًا في الغرام مذلة، ولن يبني قلبي للغرام ديار، إن المحبة للكريم كرامة فيها التمنّي ولهفة الإصرار، أما المذلة من ضنين للهوى نار تؤجج مهجة وديار، ما ذنب قلبي حين يعشق ظالمًا؛ فالقلب يأمر في الغرام قرار، وأنين قلبي حين يعشق مؤلمًا؛ كالغيث يأتي خلفه الإعصار، لن أهوى يومًا في المحبة ظالمًا قيد يؤرق معصمي جبار، كنت المُتَيّم بالغرام وبالهوى، ما كنت أرضى في الهوان مسار، الروح تعشق في الحسان مودة، كالشمس يغمر حسنها الأنوار، لن أرضى يومًا بالهوان من الهوى، لن أرضى حزنًا من هوى غدار، إني وقلبي كالرفاق مودة وسأبني سدًا خلفه الأسوار، الحب جمرٌ في رداء مغامر، كالنار تحرق لفحها الأزهار، إن كان حبي للحبيب سعادة، فالقلب يرفض في الهوى جبار.

وحتى اللوم يوم الهجر فضاح على العينين، وبعض القول يحملنا على ذكرى الفراق المر، ويجري الصد مثل النار مداح على الشفتين، ويمضي القلب مجروحًا بدمعٍ من عيون الحر، ولكني لا أبالي ما أصاب القلب، فلن نفني ولن نشتاق للأحباب بعد الهجر، فكم من عاشقٍ أضناه ذاك الحب! وكم من غادر قد جاء ذاك الذنب ثم يمر! فلا موت بدنيانا، ولن تشكونا ذكرانا، ولن نحتاج أحبابًا ولن يشكو الفؤاد الغدر، فغيبي مثل أمسي، كان مشتاقًا لنحياه، فصار اليوم من أشلاء ذاك الدهر، فلستِ أغلى من أمسي ولا يومي، ولستِ مثل أنفاسي، ولستِ من ربيع العمر.

في ثنايا القلب تسري بعض أحلام الحياة، بين آلامٍ وشوق وابتسامات وآه، كل يوم مثل طفل يشتهي حلم صباه، يمتلك كل الأماني يبتغي نيل رضاه، حتى إن أراده يومًا في ظلام الدهر تاه، عاد يجتاح المنايا خلف يوم قد أذاه، واعتلى ظهر الأماني، واكتسى ثوب ثناه، واغتسل من ظلم دهر، وارتجى منه هواه، ليس في الإمكان دومًا كل حلم ملتقاه، كل درب يحتوينا، رب مكتوب هداه، كل قلب يشترينا غرس ربي في علاه، إن في الأيام قيظٌ يعتلي البرد سماه، رب رحمـٰن رحيم نكتسي بظل رضاه.

سلامٌ وأنت العدو الحبيب، سلام ليوم العتاب القريب، ولكن قلبي بذاك الغرام يمزق عهد السلام الغريب؛ فلملم جراحك إن كنت تبكي، وإن شئت فأبكي فلست المجيب، أراك الخلي بدمع الأبي وقلبك صخر بدمع المريب، سلام لغدر وقهر وهجر وجمر يدمر قلب الحبيب، نسيم الحياة كشرد وبرد وقيظ وغيظ ومكر اللبيب، تراود قلبي فتملك حبي وقد كان ظني عبير وطيب، وعند الجفاء وبعد اللقاء جفاف الوفاء وغدر الطبيب، سلام لأني فقد خاب ظني بقهر التجني وموت التمني بغدر عجيب.

وعلمت أنك في الغرام تميل عني، فسألت عنك الروح بين كثير ظني، ماذا أصاب الحب وكيف تنامى همي؟ قالت أنا والعهد والأيام نبقى، والقلب كالبركان مقتول يغني، لم يكتفِ بالبعد بل ظل ينادي ما عدت أعشقه، فمن يبتاع قلبي، أين العهود من الهوى ومن الليالي؟ أين الغرام وأين من قد كان مني؟

وبين السطر والكلمات أسرار وأخبار وآهات تذكرنا، وأشواق ستخبرنا عن الأحباب إن غابوا، لكن نكتفي بالقول أن العشق أسرار.

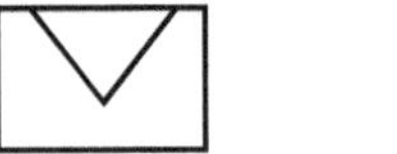

بعد حينٍ قد يروق العين حسنًا أو عبير في سماء الكون وصفًا، قد تراه العين سلطانًا وبدرًا، أو يراه القلب للأحشاء صهرًا، بعد حينٍ جاء يمشي بين مختالٍ وسحرٍ، كان كالمصباح يدنو من عيوني، مال بين العين والأجفان نورًا، يسلب الروح ونبض القلب سرًا، مال يزرع في ثنايا القلب زهرًا، قلت أهلًا ثم قال القلب أهلًا، هذا عشقي إن أراد القلب أمرًا، هذا حبي في ربيع العمر عطرًا، بعد حين ردد القلب تمنّى، ثم مال يبتسم، ثم تغني، بعد حينٍ نال قلبي مبتغاه، بعد حينٍ قد رأى القلب مناه، بعد حينٍ عاش يومًا في هواه.

كل يوم كنت أنعي حلم طفل في البكور، لم يزل حلمي جنينًا بين أحشاء الظهور، مر يوم ثم يوم ثم بعد الليل نور، كان حلمي مثل نجم، مثل بدر لا يدور كنت أرجوه بيوم أن يغني أو يثور، بعد صمت من حياة في ثناياها الفتور، بعد ليل عاش دهرًا يبني أعشاش الطيور، بعد أمواجٍ تنادي في أمانيها البحور، بعد أصوات الأماني حين تحكمها السطور، قلت شاء الله يومًا لابتسامات الثغور، قد أراد الله يومًا أن تنادينا النسور، آن للأحلام تحيا مثل أطياف العطور، كيف للمقتول يومًا ترك أكفان القبور؟

وتمضي رحلة الدنيا وكل العمر رحال، وتغرب شمس دنيانا بلا أهل ولا مال، هي الدنيا تمنينا فينبت من كثير الشوك آمال، وتكتب من حروف الصبر للأحلام موالًا، سلام دنيتي والعمر سلام الله جوال، ترافقنا هموم اليوم وآهات وأحوال، ويأتي بلسم الأرواح بأشواق وأقوال، فنعشق كل دنيانا ونغزل للهوى شال، ونعلن أننا نحيا ونبض القلب ميال، وفي يوم يفارقنا أنين العمر رحالًا.

وما بيني وبينك غير صدقٍ، وقول الحق للأحرار حال، وفيك تغامر العينان عشقًا، وترسل من جوانبها الجمال، حبيب لا تنسَ فؤادي؛ فقلبي منك لا ينسى المحال، أنا المحبوب يا عشقي وروحي، وأنت لحلو الخصال سلام، الروح للعينين عشقٌ وبسمة وجنتيك بها الدلال، أخاف الناس إن كانوا رفاقًا؛ فحبك مثل وشم لا يزال، حبيبي، كن على عيني رقيقًا؛ ففي عينيك توثيق الوصال، أنا المداح يا عشقي وروحي، أشد في محبتك الرحال.

وإن طالت ليالي البعد عنك، أخاطب فيك طيفك في خيالي، وإن زاد البعاد يموت قلبي، وإن عادت عيونك كنت حالي.

في ظلمة الليل الطويل، واختمار العقل إن حان الرحيل، غفلة تبدو كنوم من فؤاد لا يميل، راح يسبح في بحار الفكر لا يرضى بديلًا، كان كالعصفور ساعات الأصيل، جال بالأفكار حينًا، كان يبحث عن دليلٍ، ظل يذكر من هواه وابتسامات وآه وسلام من خليل، لاحت الذكرى تبرر من رماه، راح ينشد لحظة فيها رضاه، راح يبحث عن جميل، نام بين الذكريات بعد موت الأمنيات، ظل يرجوه النبيل، أين أمسي في هواه؟ أين مفتاح الحياة؟ كيف أصبح مستحيلًا؟ كان يومًا كالنسيم، كان من قلبي رحيمًا، ما شهدناه بخيلًا، أين أشواق الغياب؟ أين ساعات العذاب؟ أين بستان عليل؟ كان مثل النور نورًا، كان عشقًا في سطور، كان من عيني خليلًا.

من ضجيج الروح أنعي رحلة القلب الشغوف، بين حب، بين عشق، بين دمع، بين خوف، تلك كانت كل حبي رغم آلام الظروف، دق قلبي مثل دفء ثم غنى بالحروف، كان كالطفل ينادي من حسبناه عطوف، ثم غاب القلب يسعى بين أحلامي يطوف، حتى إن كان سلامي بعد دقات الدفوف، كان حلمًا، كان وهمًا، كان حبًا في الرفوف.

أنت مني كالحياة، كيف تختار الفراق؟ أنت كالأحداق مني تبدو أنت الاشتياق، أنت بين العين نورٌ، أنت قيدٌ ووثاق، إن هجرت القلب يومًا عاش قلبي الاحتراق، فيك ظني من غيابك كاللظى صعب المذاق، ليلة فيها غيابك مثل دهر لا يطاق.

قلبي ترنم في حضور الاختيار، والنبض من قلبي كصوت الانفجار، والروح تعشق في جنون وانتصار، في قلبي تبدو كلؤلؤة تغازلها الديار، ما زلتِ كالشمس التي تلد النهار، عبق من الريحان يخترق الجدار، ما زلتِ كالبدر الذي في حسنه نور ونار، إن مر يومًا في فراقٍ، كان موتًا واحتضارًا، أنتِ كفيروز بأعماق البحار، وتمر أغنية المساء، كأنها عبق الديار، ما بين بسمتكِ وقلبي كل حب واختبار، ما زلت أبحث في عيون الحسن عن بيتٍ ودار.

حتى الفراش كأنه شوك يؤرق أضلعي، والعقل متكئٌ على الآهات يشرب أدمعي، قيظٌ يبدد حره كل المنى، والآه تعزفها الهموم على مشارف أسمعي، هذا هو الإنسان في ليل الأسى والروح كوالالمبور تؤلم مضجعي، إني كبحر لا ينام ضجيجه، والموج يضرب بالهدير مسامعي.

أما عني، فسلطان أمري عجيب، غريب، محب، ودود، بعيد، قريب، يغامر دومًا بكل الأماني، ويصنع كوخًا بقلب الحبيب، يزمجر حينًا ويضحك حينًا، ويطلب منه غرامًا وطيبًا، يغازل قلبًا ويعلن حربًا ويرسم قلبًا عساه يطيب، كتوم، جميل، يداعب شوقي بقلب الحبيب، وأما عيوني فلا تخلو يومًا من الآه حينًا ودمع مريب، تراها تنادي بصمتٍ وحبٍ وبين الجفون حنانٍ رحيب، أنا الناي أشدو بكل الاغاني؛ لعل حبيبي يكون القريب، سلامٌ، سلامٌ؛ فحبك قيد، وقلبك مني أراه الطبيب.

يا صاحبي، قم وارتجل وذكر؛ فذكر الله كالبنيان.
تجلو قلوب الذاكرين بذكره وتفيض بالصلاة والقرآن.
الله يعلم ما تفيض قلوبنا إن كان خيرًا صانه الرحمن.
ملك الملوك لا مثيل لكونه، إن شاء أمرًا كان للسلطان.
ربي عصيتك والذنوب مذلة لكن عفوك للورى إحسان.
إني بذنبي كالجبال محمل، أما وعفوك أعظم الأوزان.
الله ربي لا إلـه كمثله نور القلوب وصاحب الأكوان.

أريدكِ طوعًا بحق السماء، فأنتِ مليكة كل النساء، أريدك يا من تنادي القلوب؛ فتأتي أمرًا كبرق الفضاء، أحبكِ رغمًا؛ قلبي دعاني، وأمر الفؤاد كأمر القضاء.

كوني بقربي ولا تمضين عني، أنا من علمت برقتي وبديع ظني، أنا من علمت بأنني منكِ ومني، كوني الحياة؛ فلن أعيش بلا تمني، كوني بقلب مبتلى بعد التجني، كوني جمالًا في الحديث وفي التغني، كوني الديار وكل أيام التأني، اليوم أدعوكِ إلى قلبٍ مباح، قد ظل بين الدهر مكسورَ الجناح، عاش الفراق كأنه صوت الرياح، يبكي على حب وقلب مستباح، الآن يرجوكِ بعشق كالصباح.

تراقبني فأبعد ناظري، ويراكِ قلبي وأخبر عنك نجمات الليالي، وإن طال الفراق يكون ذنبي؛ فأشكو مقلتي ورثاء حالي.

قلبي ترفق بي، فمنك ملامتي والروح تخشى أن تراك وحيدًا، الحب نار في حشاك ومعصمي بالقيد جمر إن ذهبت بعيد، قدري أحبك والغرام مذلة والعشق يقتل شهقة ووريد، إن كان ذنبي فى الغرام محبتك؛ فعظيم ذنبك فاتنٌ وفريد، خوفي يراقب في الغرام مشيئتك، أخشاك هجرًا والفؤاد شريد، لا تصلي نارك فى الفؤاد محبتك؛ فالقلب منك مغرم وعنيد، ظني بقلبك أن تكون مقامرًا، والقلب يأبى لعبة التجديد.

هذا ذبيحك، لو غضضتِ الطرف عنه في ليالي البعد عنكِ، غرغر الطفل الصغير.

كل ما فيك جميل ظالم أنت وربي، كيف مني لا تميل وأنت أسطورة قلبي؟

هل أحب المستحيل؟وهل تكون اليوم ذنبي؟

كل ما فيك جميل مثل نجم في السماء، صد عينيك دعاني لاحتضار وبكاء، أنت مظلوم وجاني أنت بحرم جفاء، قدر الله غرامي، قدر الله وشاء، هل تناديني بقلبي؟ أم تحب الكبرياء؟ هل طيف يدنو مني أذكر اليوم الجميل؟ يوم إشراقة حبي في عيون المستحيل، رب ذنبي في هواك أن قلبك لا يميل، صوت عشقك قد أتاني يمتطي ظهر الأصيل، أنت أكذوبة عمري، أنت لوعات الذليل، هل يدق القلب يومًا؟ أم أسارع بالرحيل؟ قل وردد: أمنياتي حتى أدعوك الخليل، كل ما فيك جميل، أنت أرض المستحيل.

رحماك ربي من جهالة جاهلؤ أو أن أكون من الرضا مطرود، إني ببابك قد وقفت مناديًا عبدًا ينادي ربه المعبود، الذنب ذنبي، قد أتيته نادمًا، أدعوك ربي قائمًا وسجودًا، رب تجلى للحبيب محمد، أسرى بعبد عنده محمود، رحماك ربي في علاك مباركًا، رب البرية، رب كل وجود، الله أنت لا مثيل ولا ولد، فرد عظيم قادرٌ موجود، الله ربي فوق كل عباده، ملك الملوك، قاهر معبود.

واشربي بعض الهوى، رب سقياكِ حنينًا، واسكني قلبي الذي نبضه يبكي أنينًا؛ فارحمي عجز الهوى، قد أذل القلب حينًا.

راقت فمن عينيها رق القلب مبتسمًا، إن العيون بذات الحسن مرسال، قالت بطرف العين حين رأيتها إن الفؤاد لدرب الحب ميال، لا تكثر الصمت، ودع العينين تخبرنا همس القلوب فخير الصمت أفعال، العين تنطق للعشاق أغنية، والجفن يذكر للأحباب أحوال، مالت بدربي تراقبني وأرقبها عشق ترنح بالأحداق قتال، قولي أحبك بالأهداب سيدتي، أما وعني فقلبي منك خيال، لا تذكرين لكل الناس قصتنا حتى أغني لذاك الحب موال.

لا تعبثي بالحب؛ فالقلب مثل النار ملتهب، إن زاد قربك، زادت ناره لهب، وإن زاد صدك، فاقت ناره الحطب.

ما زلت أرسم بالحروف حكايتك، ما زلت أكتب للهوى أوراق، بعض الرسائل لا تزول ولا تقف؛ فالحبر دمعًا يجول في الأحداق، كنت المتيم بالجمال وحسنه؛ فالروح منك قلادة وصداق، قد جال وصفك بالعيون؛ كأنه وشمًا يجسد مهرة وبراق، قلبي وقلبك كالخليل وخله والحب يرسم رحلة الأشواق، كالبحر أنتِ والفؤاد وصيفك، والموج أنتِ معتم براق، ما زلت أرسل للحبيب رسائلًا ما زال قلبي للهوى يشتاق، بعض الرسائل في الغرام ملامة، والبعض منها لوعة وفراق.

من ضريح الحب نرسل كل أشلاء الغرام، نكتفي بالآه حينًا، ثم لوم، فابتسام، نذكرالوجد المرصع باللقاء وبالكلام، نبني كوخًا من حنين فيه أصوات اليمام، نأتي بالأصحاب تتلو بعض أذكار السلام، من ضريح الشوق نذكر بعض أوزار الكرام، كان حبًا، كان عشقًا أم غرورًا وانتقام، من ضريح فيه قبري قد أذل العشق صبري بعدما شح الوئام.

ومالُ الفؤادِ كميل الشجر، وقام الخيال ينادي القمر، وعشت طريح الهوىٰ ساعة؛ كأن الحنين رفيق العمر.

صلى عليك الله يا خير البشر، لولاك ما عرف الورى الإسلام، أنت المبشر بالجنان وفضلها، قد كنت منا ناصحًا وإمامًا، صلّ عليك الله خير مدثر، خير الخلائق مرسل وسلام، الله ربي قد أتاك بفضله نورًا يبدد ظلمة وظلام، آثرت فضلًا للعباد بدينك للخير تنشر نعمة ووئام، قد كنت فينا للإلـه موحدًا كالبدر يمحق ظلمة الأيام، ناداك ربك للصلاة وللهدى مسكًا وعطرًا طاعة وختام، من كان مثلك في الخلائق مكرمًا، فتح القلوب بمحكم الأحكام.

وتساقطت قطرات ثغرك لحظة، وتعانقت شهدًا على كأس اللقا، صبّي هواكِ للنديم، وأشرقي يا نور صبح من رحيق وفاء.

بدرٌ تلألأ في السماء كأنه نور تأجج من بريق الوجد أو رحم التمني، قمر يداعب روح فاتنة وذاك السحر ظني، ليل يسامر نجمة؛ فتميل سرًا للهوى كالبدر مني، صوتًا يبدد صمت أشواق وأفراح خفاها القلب عني، هذه الجميلة تستوي فوق الجفون كأنها قمرٌ يغني، حب أقدار وأسرار وصوت العقل يخبرنا التأني، الليل يخبرنا أقاويلًا وأخبارًا عن الأحباب أو بعض التجني، اليوم أدعوكِ لرفقة مغرم، ودفوف أفراح الأحبة كي نغني.

راق لي حوارٌ لطيف، وقولٌ يداعب صمت الخريف، وبعض الأماني على قبلتكؤ وضحك وجد ولوم شريف؛ فهل لي بحرف على بسمتك؟

أشهد بأني في غرامك لن أتوب، والبعد عنك مرارة مثل الذنوب، أشهد بأنك كالهواء برفقتي، كالشمس إن وجب الغروب، أشهد على الأشواق تشعل خاطري جمرًا على شوق الغروب، أشهد بأنك كالحياة فلا تغيب نغمًا على وتر الفؤاد شذا طروب، الظل يتبع صاحبه فوق الثرى، أما أنا ظل لقلبك إن تناثرت الدروب.

ولن أنسى ضجيج الروح والأشواق تجمعنا، ولوم العاشقين شذى به روح وريحان، ولم أنسَ سهامَ العينِ تحييني وبسمات تداعبني وأحلام وأيام بلا ذنب وغفران، ولكني شريد الوجد من هجر، ومن ظلم يبدل بسمتي دمعًا وأحزانًا، سأصبر إن تركت يدي لعل الله ينصفني ويجعل دمعتي فرحًا بلا ألم وأشجان، سأدعو الله من قلبي بأن تمضي بدنيتك بلا قلب ووجدان.

كيف أبني في قلوب الناس حبًا؟ كيف أجتاز ظنوني؟ كيف يهوى القلب قلبًا؟ في صباح كنت أمشي حتى إن رافقت دربًا، لاح في العينين بدرًا، كيف يبدو البدر صبحًا؟ مال قلبي خلف عيني، ثم قال العقل ذنبًا، كيف تهوى اليوم قلبًا ثم آهات ولومًا؟ رد قلبي: لا تلمني، كان حب الحسن أمرًا، أمر ربي في علاه أن يذوب القلب عشقًا، هل رأيت العين تهوى؟ ثم تشتاق لدمعٍ، هل عرفت النبض يحكي كل حرف يتلو حرفًا، هل تساءلت لماذا ترقص العينان حبًا؟ هل تعلمت الرماية بعد أن يأتيك سهمًا؟ هذا أمر الله مني، كيف لي ان أعصي أمرًا؟

ما زلت أركض فى ربوع الأرض، كالخيل الحصيف، ما زت ألهث بين آمالي وأحلام، الخريف أنا كالأسود، مزمجرًا قلق ضعيف، أنا فوق شوك العمر سباح لطيف.

نطق الفؤاد على صلاة محمد، نور القلوب وخاتم الأديان، صلّ عليك الله كونك أحمد خير البرية بعد كل أذان، عطر القلوب إذا ذكرت محمدًا بين الخلائق نرجس وريحان، أنت الشفيع على الصراط مهرولًا، واللهُ يفتح للحبيب جنانًا، هو ذا النبي محمد طه الذي نشر السلام وحفظ القرآن، لله دركٌ يا محمد، هادي، كنت الضياء بنعمة الإيمان، كنت المبشر في الكتاب، ومحسنٌ، وغرست في كل الورى الإحسان، صلّ عليك الله يا علم الهدى، طب النفوس، وقدوة الإنسان، كنت الأمين بفضل ربك دائمًا، كنت المدثر في هوى السلطان، حتى إذا قال الإلـٰه محمد حسن الخصال ورحمة وحنان، أشهد بأنك يا محمد مرسلٌ، أنت النبي بنعمة الرحمة، طه النبي وأحمد والمصطفى محمود في كل القلوب مصان.

دعني أحبك إن أردت من الهوى هجراني، أنا ما عشقتك، إنما كتب الهوى في وجهك عنواني، دعني أعيش؛ فإنني من فرط حسنك ما عرفت مكاني، الحب قيد قد تملك معصمي، فعلمت أني كالسجين أعاني، لا أملك القلب الذي في حبه قد أعلن عصياني، دعني وشأني بعدما كست الدموع بهجرك شطآني، لم أرضَ منك ملامة، لم أرضَ غيرك قبلتي وزماني، دعني أحبك؛ فالهوى من فرط هجرك مقتلي وجناني، إن كان عشقك مقتلًا، كانت عيونك من فؤادي الجاني.

بين إشراقة صبح وابتسامات الحياة، واعتركات أماني نستقي منها الأمل، ضحك طفل بعد نومٍ قد تجلى في رضاه، وشعاع قد تلألأ من مصابيح القبل، لوم عشق من حبيب، ونداء من هواه تغتسل فيها القلوب بعد بوح محتمل، أو طيور مثل سرب فيها أسرار الحياة تحتمي فيها الصغار؛ حيث تجتاح الخجل، أو عجوز يتلو نورًا بعدما أدى الصلاة، ثم يبتاع كتابًا فيه من شتّى الجُمل بين أصواتٍ تنادي في مزيج لا تراه، تختمر روحي وروحك في سراديب العمل، نحن قوم إن ظهرنا، كنا زهرًا في جناه، نعتلي سفح القلوب حتى يأتينا الأمل.

وتجول ذكراك التي كانت حياة بين الليالي والمنى، قدر تجلى في غناه، أين الليالي بعدها وجمال أشواقٍ وآه؟ أين المحبة بعدها والهجر يقتل من يراه؟ أين التمني حينما كنتِ خليلة مبتغاه؟ هاتِي فؤادي بعدما مات الجريح على هواه، هاتي حنيني مثلما تاه الغريب على خطاه، قولي يا أجمل كذبة، كم مات قلب في صباه؟ قالوا: نسيم، قلت: لا، بل نار تقتل من تراه، قالوا: جميل، قلت: آه؛ فالحسن سوط في يداه، لن أبكي يومًا بعدما جفت دموعي من جفاه، لن أشكو يومًا، إنما شكواكِ فيكِ للإله.

أما عنكِ؛ فأنتِ روحي، وشهقة الروح التي سكنت فؤادك بعدها قد خابت ظني

ومنذ عرفت دنيايا، علمت بأنني رحال، وأنشد في الهوى قصصًا، وأصنع من محالي خيال، وأكتب من أنين الشوق أبياتًا تعاقر دنيتي دومًا مع الأحوال، شربت الصبر كاسات تواسيني، وأعلن أنني صقر مع الأميال غريب في ربوع الدهر، لا أنسى ولا أجتر أي محال، أنا والخيل أصحاب نبدد ظلمة الدنيا بأشعار، ونعشق من صنوف الورد كل جمال، فزيدي قصتي شغفًا، وضميني إلى وطني؛ لأعلن ثورة الآمال، فأنتِ العشق والأصحاب، وأنتِ الناي إن شئتِ، وأنتِ السحر والأموال، تعالي نرسم الآتي بأيدينا ونغزل من خيوط الغد أمانينا على الأنوال.

لن أشتكي يومًا الفراق؛ فأنتِ من روحي الشقيقة، والفؤاد ونظرة العين التي قد تاهت مني.

يومي وليلي مثقلٌ بالهم، مكتوف الوثاق، اليوم كالبركان قيظٌ، والليل هم واحتراق، لكن لي رب كريم في القلب موجود وباق، هو ملجأي وسط الحياة وقبلتي والاشتياق، لله أمري في الدجى أدعوه مظلومًا وعاق، رب الوجود بعزه سبحانه خلق البراق، هو قادر، هو عادل، منه المحبة والوفاق، لا رب لي غير الإلـٰه ومحمد خير الرفاق، ألقي همومي بفضله، والذكر محمود المذاق، هو أول، هو آخر بالكون، معبود وباق.

بيني وبينك عالم فيه التمنّي والجمال وقبلة القلب المتيم بالهوى، وشقائق الفردوس ترسم بسمة حين الوداع، ورفقة الروح التي قد غابت عني.

أنا المختار أعلنها بأني والحروف رفاق، ألملم فكرتي حبًا وأحضرها من الأعماق، وأرسم لحن وجداني على سطري، وأوصف نظرة العينين للأحداق، وأنزل بحر أشعاري كغواصٍ، ويأتي البحر بالأرزاق، كأني كنت سباحًا؛ فأمسك في يدي قلمًا لأكتب بعض أصدافي على الأوراق، أنا المغروم يا دنيا بعزف الحرف والكلمات والآهات والأشواق.

عني أنا؛ كالطفل يفرح بالجمال على الوجوه، غيثٌ يبدل بالحنين عبوسنا فوق الجباه، طيرٌ يدور على الأماكن كالسحاب؛ بحثًا عن الوطن الذي فيه النجاة.

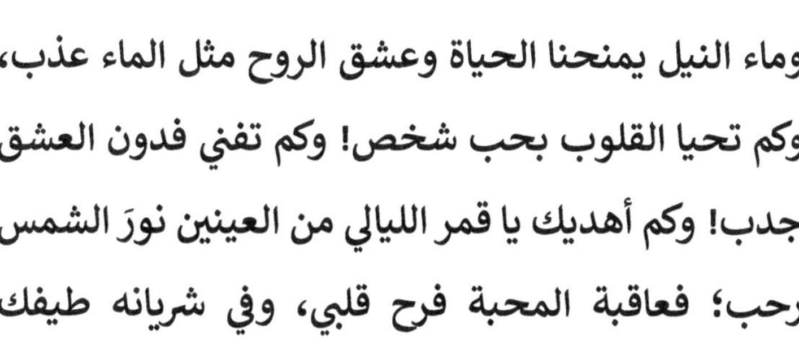

وماء النيل يمنحنا الحياة وعشق الروح مثل الماء عذب، وكم تحيا القلوب بحب شخص! وكم تفني فدون العشق جدب! وكم أهديك يا قمر الليالي من العينين نورَ الشمس رحب؛ فعاقبة المحبة فرح قلبي، وفي شريانه طيفك وحسب.

الآه تعزف قصتي فوق السطور، والقلب كالمجنون سلطانٌ غيور، والصمت يرسم عالمي بين المحبة والفراق وكل أحلام الطيور، قولي فقولك عالمي، والضحك فوق الثغر نصرٌ للنسور.

جاءت تبدل خطوها بعد الندم، مالت تراقب ظلها بين النفوس، وقفت تراجع نفسها بعد الألم، لكنها حمقاء لا ترضى إماطات الرؤوس، القلب يبقيها حزينة تخشى الضياع إن مات عشق الأمس، لن تبقى عروسًا، أنا ما غدرت ولم أذل كالنسر يحمله الهواء وفي الحب سلطان يدوس، هى موطني بل أرض مكة والحجاز والقدس واليمن العروس، هي كعبتي ومآذن الروح التي لا ترضى عن قرع الكؤوس، أهواكِ كالإشراق، كالقمر المتيم بالحسان وبالجلوس، إن كنتِ نادمة عليّ؛ فأقبلي؛ فالقلب يفترش الهواء، وشهقتي أمل يؤوس.

في دجىً الليل البهيم، لاح في العينين بدر يمتطي عين السماء، يكتفي بالنور سرًا، جاء يختال وحيدًا حاله من شاء أمرًا، بين إحسان وحسن نوره في القلب عطرًا، مال مني يحتويني؛ مال كالمغروم دهرًا، حين مال القلب، مال ثم صار القلب جمرًا، كنت كالمفتون حينًا أو تقول الروح صبرًا، كنت كالظمآن حبًا في عيون البدر نهرًا، غاب يومًا من عيوني، كنت كالمظلوم قهرًا، يا فؤادي أنتِ قلبي، أنتِ للأحداق صهرًا، أنت في دمعي شفاءٌ حتى في الأوجاع طهرًا.

وأحبك حبًا فوق الوصف، وفوق جميع كتاباتي، وأحبك شعرًا وحديثًا يجعلني أؤمن بالآتي، لا أملك قدرًا يحملني بين سراديبك ولكن أملك أملًا يدفعني أعشق مولاتي، وتمنّي القلب مرافقتك؛ فيكون الحارس سيدتي، ويبيت الليل يتمتم شعر الفتاتِ، فتعالي نشبك أيدينا، وتعالي نرسم كل الغد بستانًا يجمع آمالًا؛ فأراقص طيفك ساعتها يطير فؤادي أميالًا، ما بين الواقع والأحلام جوهرة تملك سلطانًا.

قولي لعينك أن تصوم عن النظر إلا لعين قد تصون هواها، وقولي لقلبك أن يصوم عن الهوى إلا لقلب قدير يدمناها، وقولي لعقلك أن يردد مطلبي؛ فالعقل منكِ عاشقٌ رؤياها، وقولي لنبضك أن يكف عن الحياة إلا بنبض قد يصون دماها.

ذات يوم راق لي حلم تجلى، كان بين الروح يسري كالنسيم، زار قلبي من رمى روحي بسهمٍ كان يمشي مثل مختال وسيم، من تراني أنت حتى تأتي ظني؟ هل أنا أبدو بعينيك الكريم؟ كيف جئت إلى فؤادي دون علمي؟ صوت عشق قد بدى مني عظيمًا، ذات يوم كنت مثل النور وهم بين أوهامٍ على دربٍ سقيم، كيف أعشق من رمى قلبي بحب؟ إن ذنب الحب كالنار أليم، ذات يوم كنت مني كالسماء يبدو نور القلب منك المستحيل، لاح طيفك في منامي مثل طير قد علا على أرض الخليل، كنت حلمًا بين أوتار حنيني، كنت مثل الشمس في حلمٍ جميل، أنت مني مثل شهقات وروح لا يروق العيش، إن غاب الأصيل.

واستيقظت روحي على صوت الحياة تنفض عن نفسها وشاح الأمس، وتغتسل من هموم الماضي وأعباء الدنيا لتتوضأ بماء الصبر، وتصلي صلوات الشكر لرب الكون مبصرة عين الجمال في كل بقاع الأرض مارةً برياض الحامدين وزمزم الشاكرين؛ مقرة إقرار المؤمن بعظمة الخالق وقدرته معجبة ببديع خلقه؛ فتبارك الله أحسن الخالقين؛ فبين شهقات الروح وزفراتها عزفٌ لمفردات التوحيد؛ فلله في خلقه شئون، ولا عجب عندما نبصر أو نعي شركاء الحياة وجنود نراها ولا نراها من جنود الله "ربنا ما خلقت هذا باطلًا سبحانك فقنا عذاب النار) فكيف إن صمنا عن كل معصية، وتزودنا بخير زادٍ من الدنيا، وباعد الله بيننا وبين النار بصالح الأعمال، وتجنب الكبر؛ فمن كان في قلبه مثقال ذرة من كبر، فالنار أولى كما قال لقمان: "يا بُني لا تمشِ في الارض مرحًا إن الله لا يحب كل مختالٍ فخور واغضض من صوتك إن أنكر الأصوات لصوت الحمير"

"حقائق"

هل تعلم أخي من هو الأب؟

هو ذلك الرجل الذي يفرح عند ولادتك، ويدعو الله أن يطيل عمرك متمنيًا لك كل السعادة والراحة والفرحة حتى لو كانت على حساب سعادته وراحته وفرحته، وهو ذلك الرجل الذي يخرج دون إفطار ذاهبًا لعمله متعبًا طول اليوم؛ ليوفر لك كل سبل الأمن والراحة والسلامة، وحين يعود من عمله يكون منهكًا متعبًا، ومع ذلك ينتظرك ويسأل عنك ويطمئن عليك، هل أنت بخير؟ وهل أكلت وشربت وتعلمت وابتسمت؟ ثم يلاعبك ويداعبك، وأنت صغير تتلعثم وتخطئ في الكلمات؛ فيبتسم ويعلمك كيف تتكلم وكيف تأكل، وأنت تنظر إليه بفخر؛ حيث هو أمانك وأمنك، ثم تحاول أن تلبس نعاله؛ فيكون كبيرًا عليك؛ فيبتسم فرحًا بك، وهو ذلك الأب الذي منذ ولادتك لم يخطر بباله قط ولا لحظة عند مرضك أن الله سيتوفاك يومًا؛ فهو لا يتقبل مجرد الفكرة كفكرة؛ فيتمنى

من الله أن يطيل عمرك حتى لو أخذ الله من عمره؛ ليمنحك الحياة، وهو ذلك الرجل الذي يتحمل قسوة رئيسه أو صاحب العمل، ويتحمل الوقوف في الحر تحت الشمس، أو بالقرب من اللهب؛ ليوفر لك احتياجاتك من حياة كريمة وطعام وشراب ودواء وسكن وتعليم، وهو ذلك الرجل الذي إن تقدم به الزمن وكبر في العمر، تمنيت له الموت إن مرض، وتثاقلت من سؤاله عليك وإلحاحه لك للاطمئنان عليك، وإن تحدث احمرت وجنتك خجلًا منه وكأنه أقل شأنًا منك، وأنت أفضل منه أمام الناس، وإن كان في قوته تمنيت عدم وجوده لتكون حُرًا وكأنه قيد يدمي معصمك مع أنه لا يراك إلا أعظم البشر وأجملهم، وهو ذلك الرجل الذي تفضل زوجتك وأبنائك عنه برغم أنه كان وما زال يحبك أكثر من نفسه ومن حياته، وهو ذلك الرجل إن باع عمره وحياته، إن مرضت كان مسرورًا بشفائك، وأنت إن مرض وذهبت معه للطبيب مرة أشعرته بالمنة والفضل؛ وكانك لا تدفع دينًا بسيطًا من

ديونه وأفضاله عليك، وإن تحدث سائلًا إياك السؤال، عايرته بما تفعله له، وبما قدمته له، وهو الذي كان يعود مع تعبه وإرهاقه لا يغمض له جفن دون أن يراك ويقبلك حتى لو كنت نائمًا، وفي النهاية هو ذلك الرجل الذي وهبك حياته؛ فوهبته جفاءك وأعطاك من مننه؛ فمنعت عنه حتى أبسط حقوقه، وهو الذي كان فخورًا بك وأنت طفل؛ فعندما كبرت كنت خجولًا منه ومن أفعاله وطريقة كلامه حتى وتناوله للطعام، وهو ذلك الرجل الذي كان يجلسك على رجليه عند تناول الطعام أمام الناس وهو سعيد، وأنت تضع له الطعام وحيدًا معزولًا؛ حتى لا يراه الناس فتخجل منه، فهل علمت من هو الأب؟ ولكن ما تفعله اليوم سيفعله بك أبنائك غدًا؛ فاعلم أن عقوق الوالدين دين في الدنيا والآخرة.

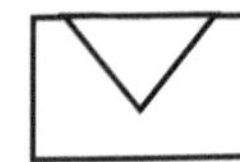

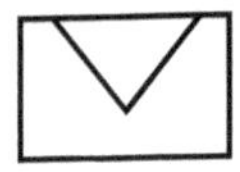

أحيانًا نحتاج أن ترتاح أرواحنا ونفوسنا قبل أجسادنا؛ فقد يسكن الجسم ويهدأ، ولا يسكن العقل ولا النفس ولا الروح؛ ففي الروح ضجيج مستمر لا يهدأ؛ وكأنها تتعارك مع أمانيها وأحلامها ما تحقق منها، وما هو مستحيل، وفي النفس صراعٌ مستمر بين ما تتمناه، وما هو ممكن؛ فتلوم وتشكو وتتألم وتفرح وتبكي، وهناك صراع مستمر بين النفس والعقل مرتبط بالحلال والحرام، وبما يجوز أو لا يجوز، وكذاك بالصح والخطأ؛ فكثيرًا ما تثور النفس وتطمح وتسافر بعيدًا بأمانيها، وتحلق أحيانًا في سماء المستحيل، وقليلًا ما تطمئن وتركن؛ لتتقبل واقعنا بما فيه من صعوبات ومعاناة، وترضى بما لديها من أملاك وما رزقها الله تعالى، ووسط كل ذلك نحتاج هدوء النفس واطمئنانها؛ حتى نتذوق طعم ما لدينا من سعادة حتى ولو كان قليلًا، وعندما تهدأ النفس تأخذ الروح نفسًا عميقًا؛ لتستلقى بين أركان الصدر مستريحة؛وكأنها استراحت بعد عناء سفر طويل، وأما العقل فهو الحارس الوحيد لكل من

النفس والروح، وهو صمام الامان، والذي يحاول إقناع النفس بما لديها، وإقناع الروح بضرورة الهدوء والراحة وتوضيح الصواب من الخطأ لكل منهما، وكذلك يتأمل ويستبصر ويتفكر ويحلق بعيدًا بما يملك من حقائق وخيالات وأحيانًا يستقي من خيالاته ما يروي ظمأ النفس والروح، وما يطمئن به كلاهما، وما يدرك من خلاله حق الله عليه وواجبه نحو خالقه، وكذلك واجبه نحو من حوله ممن هم مرتبطون به سواء أهل أقارب أو محبين وأصحاب، وكذلك ممن هم رفاق حياة في مجتمع الدنيا؛ فهل تهدأ النفس والروح، وتطمئن حتى تتذوق طعم السعادة التي رزقنا الله بها بما لدينا، وما نمتلك من أهل وأحبة؟

صوت المآذن يرتفع، وأعداد المساجد تتزايد أضعافًا وأضعاف، ووسائل الحصول على المعلومة للتفقه في الدين ميسرة وتضرع المصلين والمسلمين لله تعالى، يتزايد ولا يتوقف، وكذلك المسلمون في تزايد مستمر على مستوى العالم، ويتوجه الملايين من المسلمين يوميًا بالدعاء لله تعالى بنصرة الإسلام والمسلمين، وبفك كرب المسلمين وكذلك بالتوعية المستمرة من فقهاء الدين للعامة بأحكام الإسلام وأصوله، ولكن بعد كل ذلك ماذا يحدث للمسلمين في بلاد العرب والإسلام؟ ولماذا لم يستجب الله تعالى لدعوات المسلمين والدعاه بأن يحفظ الإسلام والمسلمين؟ونحن نرى يوميًا بلادًا عربية مسلمة تتمزق، والمسلمون في بقاع الأرض العربية يتقاتلون ويقتل بعضهم بعضًا، وكلٌ ينادي الله أكبر، فماذا يحدث؟ لو كان ذلك العدوان من اليهود على المسلمين أو من أي من الدول الغربية، فلن نتعجب، ولكن هذا العدوان من المسلم على المسلم، ومن الأخ على أخيه، فماذا يحدث؟

وأين كل تلك الأدعية المستمرة والابتهالات والصلوات؟وأين تلك الحرمة التي حرمها الله تعالى على المسلمين وهي حرمة الدم؟ وأين كل المسلم على المسلم حرام دمه وماله وعرضه؟ أين كل ذلك؟ فهل تعلمون السبب لهذا الابتلاء الذى حاك بالمسلمين والإسلام وبأرضهم؟ فالإسلام دينُ الله محفوظ في القلوب والصدور والقرآن، محفوظ من الله تعالى بقوله: (إنا نحن نزلنا الذكر وإنا له لحافظون) وأما المسلمين، فكما قال المستشرق الذي زار البلاد العربية وجدت في البلاد العربية مسلمين بلا إسلام، ووجدت في البلاد الغربية إسلامًا بلا مسلمين؛ وذلك لأن أغلب المسلمين لا يتمسكون من الإسلام إلا بالاسم فقط، فلا صدق ولا أمانة ولا ود ولا تحريم لما حرمه الله، ولا احترام للعمل، وفي الغرب ترتقي الشعوب الغربية بالصدق والأمانة وحب العمل وعدم الغش وعدم الاحتكار؛ فتقدم الغرب من تقديسهم للعمل، ومن تحليهم بصفات الإسلام،

وتخلفنا نحن من تركنا لتعاليم ديننا الحنيف؛ فكيف يستجيب الله لدعوات تخرج من الحناجر فقط لا من القلوب ؟ وكيف يستجيب الله لأقوام يخالفون حدود الله بمجرد تركهم للمساجد ويتفشى بينهم الغش والاحتكار والطمع وأكل المواريث والغيبة والنميمة والسرقة وإفشاء الفاحشة؟ فهل نتعلم من دروسٍ قاسية مرت على بلادنا العربية؟ قطعًا لا؛ فنحن كالدمى يتلاعب بنا الغرب كقطع الشطرنج، فيبيعون لنا السلاح، وبأموالنا نقتل بعضنا البعض بعد أن يألبوننا على أنفسنا، وفي الغرب تتكدس الاموال العربية حتى تضيع في البنوك الغربية بعد وفاة أصحابها أو عز لهم من مناصبهم، في حين تنتشر المجاعات والصراعات بين الأخوة وفي بلادنا؛ وكأن الله حرم علينا أموالنا التي وهبنا إياها، وكذلك مناجم الذهب وغيرها من الكنوز التي تتصارع عليها الجماعات؛ لتحملها كالحمار يحمل أسفارًا؛ ليستغلها الغرب وروسيا، ونحن هنا في بلاد الخير نعيش في مجاعات وأزمات وكل

ذلك بأيدينا؛ وكأن قول الله تعالى ينطبق علينا حين قال (يخربون بيوتهم بأيديهم)، وكانت الآيات تتحدث عن اليهود، فهل يسمع أمراء العرب والحروب صرخات الجوعى والمتشردين من الموت والحروب والقتل والاغتصاب والغرق وغيرها؟ اغتسلوا بماء الندم، وتوبوا إلى الله تعالى حتى يستجيب لدعائكم، أيها الغفلى.